IX° CONGRÈS NATIONAL
DES PÊCHES & INDUSTRIES MARITIMES

BORDEAUX

14-19 Septembre 1925

Questionnaire à remplir et à retourner

à *M. MANLEY-BENDALL*, Secrétaire général-adjoint du Congrès

15, rue de Tivoli, à Bordeaux

avant le 8 Septembre 1925

Nom..

Adresse..

N° de la carte de congressiste.........................

N⁰ˢ des cartes des membres associés.................

HOTELS DE BORDEAUX

Je désire qu'il me soit retenu du.................au.................septembre, ...chambres à ....lits, de préférence à l'hôtel de.., au prix de...........................

HOTELS D'ARCACHON

Je désire qu'il me soit retenu du.................au.................septembre, ...chambres à ....lits, de préférence à l'hôtel de.., au prix de...........................

VOYAGE BORDEAUX-ARCACHON

Je désire qu'il me soit retenu ....places en autocar (aller et retour obligatoire).

Le 16 Septembre ;

Le 17 Septembre.

Je désire qu'il me soit retenu...................places en chemin de fer,...................classe.

Le 16 Septembre ;

Le 17 Septembre.

DATE :   SIGNATURE :

ORGANISATION DU CONGRÈS

COMITÉ DE PATRONAGE

MM. le Ministre de la Marine.
le Ministre de l'Agriculture.
le Ministre du Commerce.
le Ministre des Colonies.
le Ministre de l'Instruction publique.
le Sous-Secrétaire d'Etat à la Marine marchande.
le Maréchal de France, Résident général de la République française au Maroc.
le Résident général de la République française en Tunisie.
le Gouverneur général de l'Algérie.
le Gouverneur général de l'Afrique occidentale française.
le Gouverneur général de l'Afrique équatoriale française.
le Gouverneur de la Guadeloupe.
le Gouverneur général de l'Indo-Chine.
le Gouverneur de la Martinique.
le Gouverneur général de Madagascar.

MM. l'abbé BERGEY, député de la Gironde.
BOUILLOUX-LAFONT, député du Finistère.
BRINDEAU, sénateur de la Seine-Inférieure.
CALMEL, sénateur de la Gironde.
CANDACE, député de la Guadeloupe.
le Commandant CHARCOT.
CHÉRON, sénateur.
CHASTENET, sénateur de la Gironde.
CUTTOLI, sénateur de Constantine.
DAL PIAZ, président du Conseil d'administration de la Compagnie générale transatlantique.
DIGNAC, député de la Gironde.
DOUMER, sénateur de la Corse, ancien ministre.
DUMAS, recteur de l'Université de Bordeaux.
FARJON, sénateur du Pas-de-Calais.

MM. Fenoux, sénateur du Finistère, membre de la Commission supérieure du Crédit maritime.

Fiori, député d'Alger.

Faure, sénateur de la Gironde.

Gabelle, directeur du Conservatoire des Arts et Métiers.

Honnorat, sénateur des Basses-Alpes, ancien ministre.

Joubin, membre de l'Institut, professeur au Muséum, directeur de l'Office scientifique des pêches.

Lebon, président de l'Association française du Froid.

Landry, député de la Corse.

Le Bail, député du Finistère.

Le Hars, sénateur du Finistère.

Le Trocquer, député, ancien ministre.

Marchais, député du Morbihan.

Marquet, député de la Gironde, maire de Bordeaux.

Mathieu, sénateur du Nord.

Missofe, député de la Seine.

Outrey, député de l'Indo-Chine

Le Préfet de la Gironde.

Le Président de la Chambre de commerce d'Alger.

Le Président de la Chambre de commerce d'Ajaccio.

Le Président de la Chambre de commerce de Bayonne.

Le Président de la Chambre de commerce de Bizerte.

Le Président de la Chambre de commerce de Bône.

Le Président de la Chambre de commerce de Bordeaux.

Le Président de la Chambre de commerce de Bougie.

Le Président de la Chambre de commerce de Boulogne.

Le Président de la Chambre de commerce de Calais.

Le Président de la Chambre de commerce de Constantine.

Le Président de la Chambre de commerce de Dieppe.

Le Président de la Chambre de commerce de Dunkerque.

Le Président de la Chambre de commerce de Fécamp.

Le Président de la Chambre de commerce du Havre.

Le Président de la Chambre de commerce de Lorient.

Le Président de la Chambre de commerce de Marseille.

Le Président de la Chambre de commerce de Nantes.

Le Président de la Chambre de commerce de Nice.

Le Président de la Chambre de commerce de Paris.

Le Président de la Chambre de commerce de La Roche-sur-Yon.

Le Président de la Chambre de commerce de Saint-Nazaire.

Le Président de la Chambre de commerce de Tunis.

MM. le Président de la Société des Ingénieurs civils.
RIMBERT, député.
RIOTTEAU, sénateur.
THOUMYRE, député de la Seine-Inférieure, ancien sous-secrétaire d'Etat.
THOMSON, député de Constantine, ancien ministre.

BUREAU DU CONGRÈS

PRÉSIDENT

M. Maurice AJAM, sénateur, ancien sous-secrétaire d'Etat de la Marine marchande, président de la Société d'Enseignement professionnel et technique des pêches maritimes.

VICE-PRÉSIDENT

M. FARJON, sénateur, maire de Boulogne-sur-Mer, vice-président de la Société d'Enseignement professionnel et technique des pêches maritimes.

SECRÉTAIRE GÉNÉRAL, PRÉSIDENT DU COMITÉ EXÉCUTIF

M. J. PÉRARD, professeur à l'Ecole centrale, secrétaire général de la Société d'Enseignement professionnel et technique des pêches maritimes.

SECRÉTAIRES GÉNÉRAUX ADJOINTS

MM. MANLEY-BENDALL, vice-président de la Société d'Océanographie de France.
DE LAURENS-CASTELLET, capitaine de frégate de réserve, secrétaire de la Section des pêches du Comité central des armateurs de France.

TRÉSORIER

M. VITRAC, trésorier de la Société d'Enseignement professionnel et technique des pêches maritimes.

SECRÉTAIRE DU COMITÉ EXÉCUTIF

M. Noirot, rédacteur principal au sous-secrétariat d'Etat de la
Marine marchande.

PRÉSIDENTS DE SECTION

MM. Joubin, membre de l'Institut, professeur au Muséum d'Histoire naturelle et à l'Institut Océanographique, directeur de
l'Office scientifique et technique des pêches.

Lecourbe, directeur du Service des Pêches maritimes au sous-
secrétariat d'Etat de la Marine marchande.

Laubeuf, membre de l'Institut, ancien président de la Société
des Ingénieurs civils de France.

Le Bail, député du Finistère.

Girault, directeur des Services du travail et de l'enseignement
maritimes au sous-secrétariat d'Etat de la Marine marchande.

Gruvel, professeur au Muséum d'histoire naturelle, directeur du Laboratoire des pêches et produits coloniaux
à l'Ecole des Hautes Etudes.

Mouliets, président de l'Association ostréicole du bassin
d'Arcachon.

Douane, ingénieur des Arts et Manufactures.

Lumet, directeur du Laboratoire de l'Automobile-Club.

SECRÉTAIRES DE SECTION

MM. Germain, docteur ès sciences, assistant au Muséum et à l'Institut océanographique.

Terrin, sous-chef de bureau au sous-secrétariat d'Etat de la
Marine marchande.

Le Bail (Albert), avocat à la Cour d'appel.

Petit, préparateur au Muséum d'histoire naturelle.

Doniès, secrétaire de la Société d'Enseignement professionnel
et technique des pêches maritimes.

Bagot, administrateur de l'Inscription maritime.

Monvoisin, professeur à l'Ecole vétérinaire d'Alfort.

Bochet, ingénieur des Arts et Manufactures.

COMITÉ D'ORGANISATION

MM. Altazin (Jacques), armateur à Boulogne.

Altazin (Eugène), président de la Chambre syndicale des expéditeurs de denrées alimentaires de Paris.

Alquier, secrétaire général de la Société d'Hygiène alimentaire.

Amieux (Louis), industriel à Nantes.

Anthony, professeur au Muséum.

Barrier, secrétaire général de l'Association française du froid.

Barriol, secrétaire général de la Société de Statistique de Paris.

Béard du Dézert, publiciste.

Berthaut, président de la Société des Hospitaliers Sauveurs Bretons.

Bloch (Richard), ingénieur en chef de l'Exploitation du Chemin de fer d'Orléans.

Bon, maire d'Arcachon, conseiller général.

Bouchard, membre de la Société d'Océanographie de France.

Bossière, directeur du *Courrier Maritime*.

Bounhiol, professeur à la Faculté des Sciences de Bordeaux.

Boutan, professeur à la Faculté des Sciences d'Alger.

Boutellier, armateur.

Bouziat, président du Syndicat de la Poissonnerie au détail.

Bronkhorst, directeur de l'Inscription maritime à Quimper.

Bouilloux-Lafont, vice-président de la Chambre des Députés.

Bourge, inspecteur général honoraire des Pêches de la Régence de Tunis.

Cadoret, maire de Riec-sur-Bélon.

Calandreau, avocat à la Cour.

Cangardel, directeur des Armateurs français.

Canu, armateur à Boulogne.

Charrière, ingenieur au Chemin de fer de l'Etat.

Chevalier, président du Syndicat des Mareyeurs du Croisic.

Cassaing, armateur à La Rochelle.

Cloarec, vice-président de la L. M. C. et de l'Enseignement professionnel et technique des pêches maritimes.

Dahl, armateur à La Rochelle.

Duhamel, armateur à Fécamp.

MM. Dubois, professeur à la Faculté des sciences de Lyon.

Dupont, directeur du journal de la marine *Le Yacht*.

Deschiens, ingénieur chimiste, membre du Conseil de la Société de chimie industrielle.

Flament, membre des Comités techniques de la Société d'Enseignement professionnel et technique des pêches maritimes.

Frandin, ministre plénipotentiaire.

Gamas, capitaine de frégate, chef du pilotage de la Gironde, président de la section bordelaise de la Société d'Océanographie de France.

Gadel, président du Syndicat des Mareyeurs de Bretagne.

Guilleux La Roërie, lieutenant de vaisseau en congé, membre du Conseil de la Société d'Enseignement professionnel et technique des pêches maritimes.

Herubel, président de la Commission des pêches de la Ligue maritime et coloniale.

Labbé, professeur à l'Ecole de Médecine, à Nantes, président de la section nantaise de la Société d'Océanographie de France.

Le Danois, directeur-adjoint de l'Office scientifique des pêches.

Lefèvre, vice-président de la Société des Amis de l'Institut océanographique du Havre.

Le Hars, sénateur, maire de Quimper.

Lemy, président du Syndicat national des Fabricants français de conserves de sardines et autres poissons.

Dr Loir, conservateur du Muséum du Havre.

Lorin de Reure, administrateur principal de l'Inscription maritime, chef du quartier de Bordeaux.

Lumet, directeur du Laboratoire de l'A. C. F.

Malaquin, secrétaire général du Syndicat général de l'Industrie frigorifique.

Mangin, membre de l'Institut, directeur de la Société d'Océanographie de France.

Marchis, professeur à la Faculté des Sciences de Paris.

Monprofit, conseiller technique au sous-secrétariat d'Etat de la Marine marchande.

René Moreux, directeur du journal *La Pêche maritime*.

Moutier, professeur à l'Ecole centrale, ingénieur en chef des Services techniques de la Compagnie du Nord.

Muratet, professeur agrégé à la Faculté de Médecine de Bordeaux.

Olivari, armateur à Arcachon.

MM. Pᴇʟʟᴇɢʀɪɴ, secrétaire général de la Société centrale d'Aquiculture.

Pᴏʜᴇʀ, ingénieur au Chemin de fer de Paris à Orléans.

Pᴏʟɪᴅᴏʀ, chef de bureau au sous-secrétariat d'Etat de la Marine marchande.

Rᴇɴᴅᴜ (Ambroise), conseiller municipal de Paris.

Rᴏᴅᴇʟ (Albert), de la maison Rodel et fils, à Bordeaux.

Rᴏɢᴇʀ, inspecteur général de l'Instruction publique.

Rᴏɴᴅᴇᴛ-Sᴀɪɴᴛ, directeur de la Ligue maritime française.

Rᴏᴜʟᴇ, professeur au Muséum.

Dᴇ Rᴏᴜᴢɪᴇʀs, secrétaire général du Comité central des Armateurs de France.

Sᴏʀᴇʟ, président du Syndicat des Armateurs de Dieppe.

Sᴀʀʀᴀᴢ-Bᴏᴜʀɴᴇᴛ, armateur à Boulogne.

Tᴀssᴇʟ, intendant général, directeur au Ministère des Colonies.

Vᴇʀʜᴏᴇᴠᴇɴ, armateur à Lorient.

Vɪᴀᴜᴅ (Georges), président de la Fédération des Industries ostréicoles de la région de Marenne.

Vɪɴᴄᴇɴᴛ, avocat à la Cour d'appel, attaché au cabinet du Ministre du Travail.

Vᴇʏʀɪᴇʀ-Mᴏɴᴛᴀɢɴèʀᴇs, conseiller général de la Gironde.

Zɪᴇɢʟᴇʀ, ingénieur chimiste.

COMITÉ LOCAL BORDELAIS

PRÉSIDENT D'HONNEUR

M. le Préfet de la Gironde.

VICE-PRÉSIDENTS D'HONNEUR

MM. le Maire de la ville de Bordeaux.
le Président du Conseil général de la Gironde.
le Président de la Chambre de commerce de Bordeaux.
le Maire de la ville d'Arcachon.

MEMBRES D'HONNEUR

MM. les Sénateurs et Députés de la Gironde.
le Recteur de l'Université.
le Doyen de la Faculté des Sciences.
le Doyen de la Faculté des Lettres.
le Directeur de l'Inscription maritime.
le Commandant de la Marine nationale.

PRÉSIDENT

M. le Commandant Gamas, chef du Service de pilotage de la Gironde, président de la section de la Société d'Océanographie de France.

VICE-PRÉSIDENTS

MM. de Vial (A.), directeur général de la Compagnie transatlantique.
Rodel (Albert), industriel.

SECRÉTAIRES

MM. Calandreau (A.), avocat à la Cour d'appel de Paris
Arné (Paul), président de la Société de Zoologie.
Guy (Paul), inspecteur du trafic à la Compagnie générale transatlantique.

TRÉSORIER

M. Alioth (Marcel), président du Comité franco-espagnol.

— 11 —

PRÉSIDENTS DES COMMISSIONS

Commission des fêtes

M. Maxwell (Jos), procureur général.

Commission de réception

M. Maurel (Paul), armateur.

Commission de logement

M. Poitevin, président de l'Association syndicale des hôteliers.

Commission des visites techniques

M. Deparis, directeur des Chantiers de la Gironde.

Commission de la presse

M. Guillot, président du Syndicat de la presse bordelaise.

Commission des excursions

M. Lamaignière, président de la Foire de Bordeaux.

MEMBRES

MM. Agasse-Lafont, ingénieur en chef du Génie maritime.
Allard, délégué de la Chambre de commerce.
Antraygues, administrateur de l'Inscription maritime.
Bargot, administrateur de l'Inscription maritime.
Borde, directeur de la Station ostréicole d'Arcachon.
Boubès, avocat à la Cour d'appel.
Bounhiol, professeur à la Faculté des Sciences.
Boussaroque, délégué de la Chambre de commerce.
Celhay, président du Syndicat des pêcheurs de Ciboure.
Chaine, professeur à la Faculté des Sciences.
le Chef du Service des Colonies.
Clémot, directeur de l'Inscription maritime.
Daniel Guestier, président du Syndicat d'initiative.
Descas, président de l'Office du Maroc.
le Directeur de l'École d'hydrographie.
le Directeur du Port autonome.
Dr Feyteau, secrétaire général de la Société de zoologie.
Giret, administrateur de la Marine à Bayonne.
Gardair, armateur à Arcachon.
le Commandant Glotin, stationnaire de la Bidassoa.
Lorion, administrateur de la Marine à Arcachon.
Lurie, président du Syndicat ostréicole de Gujan-Mestras.

. MM. Halphen, membre de la Société d'Océanographie de France.

Hameau, président de la Société scientifique d'Arcachon.

l'Ingénieur en chef des Ponts et Chaussées.

le Commandant Lafon, délégué du Ministère de la Marine.

le Commandant Lambert, stationnaire de la Bidassoa.

Lavergne, président du Syndicat du commerce de la Marée.

Lavertujon, directeur de l'Agence Havas.

le Docteur Llaguet, directeur du Bureau d'hygiène.

Lorin de Reure, administrateur de l'Inscription maritime, chef du quartier de Bordeaux.

Magne, armateur.

Maurel (Paul), armateur.

Maydieu, délégué de la Chambre de commerce.

Moncassin, président du Syndicat des Inscrits maritimes.

Monier (Gaston), armateur.

le Docteur Muratet, professeur agrégé à la Faculté de Médecine.

Péchoux, trésorier de la Section bordelaise de la Société Océanographique de France.

de Pelleport-Burète, président du Syndicat d'initiative de la Côte-d'Argent.

Philippart, industriel, ancien maire de Bordeaux.

de Puymaly, secrétaire du Port autonome.

Ratton, industriel à Bordeaux.

Robert, délégué de la Chambre de commerce.

Sauvageau, professeur à la Faculté des Sciences.

Segrestaa, délégué de la Chambre de commerce.

le Docteur Sigalas, directeur de la Station zoologique d'Arcachon.

Teyssonneau, délégué du Syndicat des Fabricants de conserves de Bordeaux.

Valen, président du Syndicat du commerce de la morue.

Valleau, président du Syndicat d'initiative d'Arcachon.

Veyrier-Montagnères, conseiller général d'Arcachon.

le Docteur Woolonghan, membre de la Société d'Océanographie de France.

Winter, secrétaire de la Section bordelaise de la Société Océanographique de France.

COMITÉ DE SAN-SEBASTIAN

PRÉSIDENTS D'HONNEUR

MM. Odon DE BUEN, directeur général de la Pêche.
le COMMANDANT de la Marine de Guipuzcoa.
LASMASTRES (F.), consul de France.

PRÉSIDENT

M. Vicente LAFFITE, président de la Députation, président de la
Société d'Océanographie de Guipuzcoa.

VICE-PRÉSIDENT

M. BERTRAND (Etienne), conseiller du Commerce extérieur de la
France.

SECRÉTAIRE

M. AMOEDO, licencié ès sciences, secrétaire général de la Société
d'Océanographie.

MEMBRES

MM. le Président de la Chambre de commerce française.
Rafael DE BUEN.
Fernando DE BUEN.
SARALEGUI, capitaine de vaisseau.
José ARISTEGUIETA, armateur
José CENDOYA, armateur.
Manuel MERCADER, armateur.
Fernando SALAZAR, armateur.
Joaquin YARZA, armateur.
Tomas LERCHUNDI.
Angel CIRIZAS.
ERASO.

SECRÉTAIRE ARCHIVISTE

M. S.-G. IZAGUIRRE.

DÉLÉGUÉS OFFICIELS DU GOUVERNEMENT

(Liste arrêtée au 15 Juillet)

(Une liste complémentaire sera publiée à l'ouverture du Congrès)

Ministère de la Marine

M. Lafon, commandant de la Marine, à Bordeaux.

Ministère de la Marine. — Service de l'Intendance maritime

M. le Commissaire en chef Dufour de la Thuilerie.

Ministère de l'Agriculture

M. le Conservateur des Eaux et Forêts, à Bordeaux.

Ministère des Colonies

MM. Tassel, intendant général, directeur des Affaires économiques.
Gruvel, professeur au Muséum d'Histoire naturelle.

Ministère de la Guerre

M. X.

Ministère de l'Hygiène, de l'Assistance et de la Prévoyance sociales
M. X.

Ministère de l'Instruction publique et des Beaux-Arts

M. Joubin, membre de l'Institut.

Sous-Secrétariat d'Etat de l'Enseignement technique

M. Dhommée, inspecteur général de l'Enseignement technique.

Ministère des Travaux publics

MM. Le Besnerais, ingénieur en chef des ponts et chaussées.
Perret, ingénieur en chef des ponts et chaussées.

Sous-Secrétariat d'Etat de la Marine marchande et des Pêches

M. Girault, directeur des Services du Travail et de l'Enseignement maritime.

MM. Lᴇᴄᴏᴜʀʙᴇ, directeur du Service des Pêches maritimes et du personnel central.

Cʟᴇ́ᴍᴏᴛ, directeur de l'Inscription maritime à Bordeaux.

Mᴀʀɪᴇ, ingénieur du Génie maritime.

Ministère des Travaux publics
Office national météréologique

M. le capitaine Bᴜʀᴇᴀᴜ, chef de service des tran mission˟.

Ministère du Commerce, Office des Combustibles liquides

M. l'Intendant L. Pɪɴᴇᴀᴜ, directeur de l'Office.

Sous-Secrétariat d'Etat de la Marine marchande,
Office technique et scientifique des Pêches maritimes

MM. Théodore Tɪssɪᴇʀ, président de Section au Conseil d'Etat, pré-sident du Conseil d'administration.

Jᴏᴜʙɪɴ, membre de l'Institut, directeur.

Lᴇ Dᴀɴᴏɪs, sous-directeur.

Hɪɴᴀʀᴅ, inspecteur général de l'O˞tréiculture.

Lᴀᴍʙᴇʀᴛ, inspecteur de l'Ostréiculture.

Lʜᴇᴇɴᴀʀᴅᴛ, naturaliste.

Gᴇʀᴍᴀɪɴ, assistant au Muséum.

Protectorat du Maroc

MM. Gʀᴜᴠᴇʟ, professeur au Muséum, conseiller technique pour la pêche.

Lᴜᴄᴇ, commissaire principal de la Marine, chef du Service de la Marine marchande et des Pêches maritimes au Maroc.

Protectorat Tunisien

MM. Mᴏᴜʀɢɴᴏᴛ, directeur général des Travaux publics des Postes et Télégraphes de la Régence.

Mᴏɴᴄᴏɴᴅᴜɪᴛ, lieutenant de vaisseau, chef de la navigation et des pêches maritimes à la Direction générale des Travaux publics.

Gouvernement général de l'Algérie

M. Bᴏᴜᴛᴀɴ, professeur à la Faculté des Sciences d'Alger, inspecteur technique des Pêches en Algérie.

Gouvernement général de l'Afrique occidentale française

M. Gʀᴜʏᴇʟ, professeur au Muséum d'histoire naturelle, directeur du Laboratoire des pêches et productions coloniales.

Gouvernement général de Madagascar

M. G**RUVEL**, professeur au Muséum, conseiller technique de la Grande Ile.

Gouvernement général de l'Afrique équatoriale française

M. M**IRABEL**, directeur de l'Agence économique de l'Afrique équatoriale française, à Paris.

Gouvernement de la Guadeloupe

M. B**RETA**, professeur de Sciences naturelles au Lycée Carnot.

Gouvernement de la Martinique

M. C**ONSEIL**, instituteur à la Martinique.

DÉLÉGUÉS DES ADMINISTRATIONS PUBLIQUES
DES SOCIÉTÉS SAVANTES
ET DES SYNDICATS PROFESSIONNELS

(Liste arrêtée au 15 Juillet)

Ville d'Alger

MM. CAYRON, adjoint au Maire.
CARCHIN, conseiller municipal.

Ville d'Arcachon

M. BON, maire.

Ville de Biarritz

M. PETIT, maire.

Ville de Bordeaux

M. X.

Ville de Boulogne-sur-Mer

M. FARJON, sénateur, maire de Boulogne-sur-Mer.

Ville de Dieppe

M. M., maire.

Ville de Lyon

MM. BIRON, adjoint au Ravitaillement.
LAMARCHE, chef du Service des subsistances.

Ville de Nantes

M. Paul BELLÉ, maire.

Ville de Paris

M. X.

Chambre de commerce d'Alger

M. J. TARTING, vice-président.

Chambre de commerce de Bayonne

MM. Pascal ERISSALT, armateur.
DIHARCE, armateur.

Chambre de commerce française de Bizerte

MM. CREBESSAC, membre.
GIOVANETTI, membre.

Chambre de Commerce de Bône

M. TARTING, vice-président de la Chambre de Commerce d'Alger.

Chambre de commerce de Bordeaux

MM. BOUSSAROQUE, membre.
MAYDIEU, membre.
ROBERT, membre.
ALLARD, membre.
SEGRESTAA, membre.

Chambre de commerce de Bougie

M. X.

Chambre de commerce de Calais

M. VINCENT (Léon), entrepreneur maritime, membre.

Chambre de Commerce de Dieppe

MM. TOUMYRE, président.
RIMBERT, membre.
PETIT, membre.

Chambre de commerce de Dunkerque

M. BECK, membre.

Chambre de Commerce de Fécamp

MM. B. VASSE, président.
MERRIENNE, secrétaire.
LEDUN, membre.
CARON, membre.
MONNIER, membre.

Chambre de commerce du Havre

M. René GODET, membre.

Chambre de Commerce de Marseille

M. Antoine BOUDE, membre.

Chambre de commerce de Nantes

M. LANCELOT, membre.

Chambre de commerce de Nic

MM. Foucard-Cresp, membre.
Peruggia, courtier maritime, membre.

Chambre de commerce de Paris

M. Pierre Lemy, membre.

Chambre de commerce de La Roche-sur-Yon

MM. Bibard, membre.
Dupain, membre.

Chambre de Commerce de Saint-Nazaire

MM. Louis Brichaux, président.
Louis Journet, vice-président.

Chambre de commerce de Tunis

M. Orliac, membre.

Compagnie des Chemins de fer de l'État

MM. Direz, sous-chef de l'Exploitation.
Charrière, ingénieur.

Compagnie des Chemins de fer du P.-L.-M.

MM. Hugues, inspecteur principal de l'Exploitation.
Malatier, ingénieur agronome, inspecteur du Service agricole.

Compagnie des Chemins de fer d'Orléans

MM. Bloch, ingénieur en chef, adjoint au Directeur.
Poher, ingénieur des services commerciaux.

Compagnie des Chemins de fer du Midi

MM. Bray, inspecteur du Service commercial, à Bordeaux.
Penio, contrôleur des services centraux, à Toulouse.

Chemin de fer du Nord

M. Frot, inspecteur principal des Services actifs, chargé des transports.

Fédération maritime du Port de Bordeaux et de ses annexes

M. X..., président.

Académie des Sciences

M. Joubin, membre de l'Institut, professeur au Muséum d'histoire naturelle.

Muséum d'Histoire naturelle de Paris

MM. Joubin, membre de l'Institut, professeur.
Gruvel, professeur.

Institut océanographique

M. Joubin, membre de l'Institut, professeur.

Société de l'Enseignement professionnel et technique
des Pêches maritimes

MM. Ajam, sénateur, ancien sous-secrétaire d'Etat de la Marine marchande, président de la Société.
Pérard, professeur à l'Ecole centrale, secrétaire général de la Société.

Société d'Océanographie de France

MM. le Commandant Gamas, président de la section de Bordeaux.
Manley-Bendall, vice-président du Conseil d'administration.

Société d'Océanographie de Guipuzcoa

MM. Vicente Lafitte, président.
Etienne Bertrand, vice-président.

Société de Biologie

M. Legendre (R.), membre.

Société d'Acclimatation de France

M. Gruvel, professeur au Muséum.

Société centrale d'Aquiculture et de Pêche

MM. Roule, professeur au Muséum.
Gruvel, professeur au Muséum.
Dr Pellegrin, président de la Société.
Grandjean, dir cteur de l'Aquarium du Trocadéro.

Société zoologique de France

MM. Joubin, professeur au Muséum.
Gruvel, professeur au Muséum.
Sigalas (R.), professeur à la Faculté de médecine de Bordeaux.

Société d'Encouragement à l'industrie nationale

M. DE ROUSIERS (Paul), membre du Conseil, professeur à l'Ecole
des sciences politiques, secrétaire général du Comité des
armateurs.

La Ligue maritime et coloniale

M. HÉRUBEL, président de la Commission des pêches.

Ligue maritime
Comité interfédéral des Grandes Ecoles et Facultés

M. PÉRARD, professeur à l'Ecole centrale, président.

Réunion des Fonctionnaires de l'Intendance militaire •

M. NOIROT, attaché.

Association technique maritime et aéronautique

M. MARIE, ingénieur principal du Génie maritime, détaché au
sous-secrétariat d'Etat de la Marine marchande.

Société de Chimie industrielle

MM. DESCHIENS, rapporteur général du Congrès de chimie indus-
trielle, membre du bureau de la Société de Chimie indus-
trielle, membre du Comité national de chimie, ingénieur
chimiste.
FONTAINE, administrateur délégué des Fonderies de l'Indo-
Chine, membre du Conseil de la Société.
MARCARD, secrétaire du Comité d'organisation du 4ᵉ Congrès
de chimie industrielle.
GOUX, administrateur délégué des Tanneries Bordelaises.
PÉRARD, professeur à l'Ecole centrale.
ZIEGLER, membre du Conseil de la Société de Chimie indus-
trielle.

Société des Ingénieurs civils de France

MM. MOUTIER, professeur à l'Ecole centrale, président de section.
LAUBEUF, membre de l'Institut, ancien président.
GAUTHIER, ancien membre du Comité.
TONY-HUBERT, secrétaire administratif de la Société.
PÉRARD, professeur à l'Ecole centrale, président de la Commis-
sion des Carburants synthétiques.

Société des Œuvres de mer

M. le Commandant DE PENFENTENYO, administrateur délégué de la
Société.

Société de Statistique

MM. Barriol, secrétaire général.
Huber (Michel), directeur de la Statistique générale de la
France.

Société météréologique de France

M. le capitaine Bureau.

Société scientifique d'Hygiène alimentaire

M. Alquier, secrétaire général de la Société.

Association française pour l'Avancement des sciences

M. Roule, professeur au Muséum d'histoire naturelle.

Association française du Froid

MM. Douane, ingénieur frigoriste.
Sigman, directeur de la Compagnie des transports frigorifiques.
Dahl, armateur.
Monvoisin, professeur à l'Ecole du Froid.

Société centrale de Sauvetage des Naufragés

MM. Bordes, armateur.
Granjon de Lepinez, administrateur délégué de la Société.

Société des Hospitaliers Sauveurs Bretons

MM. le Capitaine de frégate Gamas, chef du Service de pilotage,
président de la Section de la Gironde.
le Capitaine Debrosse, président fondateur de la Section
girondine.

Automobile-Club de France
Commission technique

M. Lumet, directeur du Laboratoire.

Touring-Club de France

M. Noirot (Jacques), membre du Comité de tourisme U. et S.,
délégué du T. C. F. au Sous-Secrétariat d'Etat de la Marine
marchande.

Fishing Club de France

M. Adam (A.), vice-président.

Comité central des Armateurs de France

MM. Canu, président de la Section des pêches (Boulogne).
Dufresne, vice-président de la Section des pêches (Dieppe)
Castaing, vice-président de la Section des pêches (La Rochelle).
Lemmens, vice-président de la Section des pêches (Dunkerque).
Vasse, vice-président de la Section des pêches (Fécamp).
Verhoeven, vice-président de la Section des pêches (Lorient).

Syndicat des Experts professionnels et judiciaires
de Paris et des Départements

M. Pérard (J.), arbitre près le Tribunal de commerce, expert près la Cour d'appel et le Conseil de Préfecture de la Seine, président du Syndicat.

Syndicat des Armateurs de Boulogne-sur-Mer

MM. Coppin (A.), président du Syndicat.
Altazin (Jacques), secrétaire général.

Syndicat des Armateurs à la pêche de Dieppe et du Tréport

M. Dufresne, président.

Syndicat des Marcyeurs et Expéditeurs de Bretagne

MM. Gadel, président du Syndicat des Mareyeurs et Expéditeurs de Bretagne.
Roulier, président du Syndicat des Mareyeurs des Sables-d'Olonne.
Coutant, président du Syndicat des Mareyeurs de La Rochelle.
Toublanc (Le Croisic) et Samzun (Saint-Malo), vice-présidents du Syndicat des Mareyeurs de Bretagne, de Vendée et de Charente-Inférieure.

Syndicat des Mareyeurs des Sables-d'Olonne

M. Roulier, président.

Syndicat des Mareyeurs de La Rochelle

M. Coutant, président.

Syndicat national pour la vulgarisation et la défense
des engrais organiques

MM. J. Pérard, vice-président.
Jodet-Angibaud, vice-président.

*Syndicat national des Fabricants de conserves de sardines
et autres poissons*

MM. Amieux (Louis), secrétaire du Syndicat.
Rodel (Jacques), membre du Conseil d'administration.

Syndicat des Fabricants de conserves de Bordeaux

MM. Teyssoneau, membre.
Poulain (Georges), membre.

Syndicat du Commerce de la Morue, à Bordeaux

M. Valen, président.

Syndicat de la Marée (Bordeaux)

M. Lavergne (André), président.

Syndicat général de l'Ostréiculture

MM. Cadoret, président.
Viaud, vice-président.

Fédération des Industries ostréicoles de la région de Marennes

M. Viaud, président.

*Syndicat de défense des intérêts ostréicoles et commerciaux
du bassin d'Arcachon*

M. Martel, secrétaire.

Syndicat ostréicole du Morbihan

MM. Maheo, membre.
Thieblemont-Colson, membre.

Syndicat de la Presse maritime

MM. Cloarec (*Mer et Colonies*).
Guilleux La Roërie (*Lloyd Français. — Le Pétrole*).
Noirot (*Lloyd Français. — Touring-Club*).
Pérard (*Bulletin de l'Enseignement des Pêches maritimes. —
Technique moderne. — Revue du Pétrole*).

RÈGLEMENT

Le IXᵉ Congrès national des Pêches et Industries Maritimes aura lieu en 1925 et se tiendra à Bordeaux.

Art. 2

Ce Congrès est organisé sous les auspices du Sous-Secrétariat d'Etat de la Marine Marchande par la Société l'Enseignement Professionnel et Technique des Pêches Maritimes, avec le concours de Comités locaux.

Art. 3

Le Congrès est placé sous le patronage officiel du Sous-Secrétariat d'Etat de la Marine Marchande et des différents départements ministériels intéressés.

Art. 4

Le Congrès tiendra ses assises du 14 au 19 septembre.

Art. 5

Seront membres du Congrès les personnes qui auront envoyé leur adhésion au Secrétaire général du Congrès et qui auront acquitté le montant de la cotisation fixé à cinquante francs.

Auront le titre de membre donateur les congressistes qui auront acquitté une cotisation minima de cent francs.

Dans les cotisations ci-dessus est compris le montant de la cotisation de membre de la Société l'Enseignement Professionnel et Technique des Pêches Maritimes pour l'année 1925.

Art. 6

Les personnes accompagnant les membres du Congrès pourront se faire inscrire comme membres associés et jouir de tous les avantages accordés aux congressistes en payant à cet effet une cotisation spéciale fixée à vingt-cinq francs. Toutefois, les membres associés n'auront pas droit de prendre la parole ni de voter dans les Assemblées et ne recevront pas les publications du Congrès.

Art. 7

Les membres du Congrès recevront une carte qui leur sera délivrée par la Commission d'organisation ; les cartes seront rigoureusement personnelles.

Art. 8

Les travaux du Congrès seront répartis en sept sections, savoir :
Etudes scientifiques. — Technique des pêches maritimes. — Industries maritimes. — Utilisation des produits de pêche. — Economie sociale et législation. — La pêche dans les colonies. — Ostréiculture.
Et deux sous-sections :
Moteurs marins. — Industries frigorifiques.

Art. 9

Le Congrès comprendra :
Des séances générales ;
Des séances de sections ;
Des conférences ;
Des visites à des établissements industriels ;
Des démonstrations pratiques ;
Des excursions.

Art. 10

Les membres du Congrès ont seuls le droit d'assister aux séances et de prendre part aux travaux du Congrès.
Les délégués du gouvernement et des administrations publiques françaises jouiront des avantages réservés aux membres du Congrès.

Art. 11

Le Bureau du Congrès fixe le programme d'ensemble et l'ordre du jour des séances générales. Le bureau de chaque section fixe l'ordre du jour de chaque séance de section.

Art. 12

Les rapports sur les sujets inscrits à l'ordre du jour des séances devront parvenir au Secrétariat général au plus tard le 20 août.

Art. 13

Les communications et les propositions relatives aux travaux des sections devront parvenir au Secrétariat général avant le 15 août. Elles seront soumises aux sections compétentes du Comité d'organisation, qui décideront s'il y a lieu de donner suite à ces propositions et de les discuter pendant le Congrès.

Art. 14

Pour toute communication, il sera envoyé ou le texte *in extenso* ou en tout cas un court résumé. Ces documents devront être remis le 1er septembre au plus tard ; les communications arrivées après cette date ou présentées pendant le Congrès ne pourront être mises à l'ordre du jour que dans le cas où l'on jugera que l'on a assez de temps pour les traiter après les communications régulièrement enregistrées.

Art. 15

Les orateurs ne pourront occuper la tribune plus de quinze minutes, ni parler plus de deux fois dans la même séance sur le même sujet, à moins que le Président n'en décide autrement.

Art. 16

Les membres du Congrès qui ont pris la parole dans une séance devront remettre, à la clôture de celui-ci, un résumé de leur communication pour la rédaction des procès-verbaux.

Dans le cas où le résumé n'aura pas été remis, le texte rédigé par le Secrétaire de la séance en tiendra lieu, ou le titre sera seul mentionné.

Art. 17

La reproduction de tout ou partie des rapports, mémoires ou communications présentés au Congrès, est rigoureusement interdite, sauf entente préalable avec le Secrétariat du Congrès.

Art. 18

Les secrétaires de chaque section devront remettre au Secrétariat général le texte écrit des vœux émis par la section au moins 18 heures avant l'heure d'ouverture de la séance générale de ratification, dont il est fait mention à l'article 20 ci-après.

Art. 19

Le Comité exécutif procédera à un examen préalable des vœux émis par les sections, il aura tout pouvoir pour écarter ceux de ces vœux qui, pour des motifs d'ordre pratique ou autre (mais non techniques), ne lui paraîtraient pas pouvoir être présentés à l'Assemblée générale de ratification. Il pourra également changer la rédaction du texte remis, à condition de n'en pas altérer le sens.

Art. 20

Les vœux émis par les sections ne deviendront définitifs qu'après approbation de l'Assemblée générale. Cette Assemblée ne pourra qu'approuver ou rejeter les vœux qui lui seront soumis. Toutefois, elle pourra changer le texte de ces vœux par voie d'amendement, à condition que les modifications ainsi apportées n'altèrent pas le vœu dans son essence. L'approbation, le rejet ou la modification par voie d'amendement devront être faits sans débat, aucune discussion ne pouvant intervenir pour quelque motif que ce soit au cours de cette Assemblée générale de ratification des vœux.

Art. 21

L'Assemblée ci-dessus prévue aura également à voter sur le lieu de réunion du prochain Congrès. Une discussion pourra être ouverte à ce sujet, mais elle ne pourra comprendre, en dehors des auteurs des invitations faites et des membres du Comité exécutif, que les cinq premiers orateurs qui se seront fait inscrire pour prendre la parole.

Aucun orateur ne pourra prendre la parole plus de cinq minutes.

Art. 22

Le Comité local d'organisation arrête, d'accord avec le Comité exécutif, le programme des excursions, des fêtes, des réceptions, des visites industrielles et techniques. Il prend toute mesure utile pour assurer le logement des congressistes. Enfin, il propose tout sujet technique d'intérêt local à l'examen du Comité exécutif.

Art. 23

Un compte rendu détaillé des travaux du Congrès sera publié par les soins du Comité exécutif. Le bureau de ce Comité se réserve expressément de fixer l'étendue des mémoires ou communications livrés à l'impression.

Les volumes de ces comptes rendus seront délivrés gratuitement à tous les adhérents au Congrès ayant régulièrement acquitté le montant de leur cotisation.

Art. 24

Le Bureau du Comité exécutif statue en dernier ressort sur tout incident non prévu au règlement.

PROGRAMME GÉNÉRAL TECHNIQUE

Iʳᵉ SECTION

Etudes scientifiques maritimes

Faune et flore aquatiques. — Biologie des êtres marins. — Instruments de recherches et d'études. — Piscifacture marine (poissons, mollusques, crustacés, etc.). — Océanographie.

Président : M. le professeur JOUBIN, du Muséum d'Histoire naturelle.

Secrétaire : M. GERMAIN, docteur ès sciences.

IIᵉ SECTION

Technique des Pêches maritimes

Matériel et engins de pêche, appâts naturels et artificiels. — Bateaux de pêche et leur armement. — Statistiques et réglementation des pêches maritimes.

Président : M. LECOURBE, directeur du Service des pêches maritimes au Sous-secrétariat d'Etat de la Marine marchande.

Secrétaire : M. TERRIN, sous-chef de bureau au Sous-secrétariat d'Etat de la Marine marchande.

IIIᵉ SECTION

Industries maritimes

Constructions navales : moteurs, treuils, cabestans. — Industries chimiques de la mer : sel marin, iode, soude, algue, etc.

Sous-produits de l'industrie de la pêche : engrais, farine de poisson, huile, colle, etc. — Hydrogénation des huiles d'animaux marins.

Président : M. LAUBEUF, membre de l'Institut, ancien ingénieur en chef de la marine.

Président de la Sous-Section des Moteurs : M. LUMET, docteur ès sciences, directeur du Laboratoire de l'A. C. F.

Secrétaire : M. BOCHET, ingénieur des Arts et Manufactures.

IVe Section

Utilisation des produits de la pêche

Transports des poissons, mollusques, crustacés au point de vue technique et économique (bateaux-viviers, wagons spéciaux, chasseurs à vapeur). — Tarifs et délais de transport par chemin de fer. — Préparation et cuisson du poisson. — Consommation du poisson en France. — Statistiques. — Moyens propres à augmenter la consommation du poisson. — Modes divers de conservation des produits de la pêche (emploi de viviers, salaison, séchage, fumage, conservation hermétique, etc.). — Commerce et écoulement des produits. — Ecorage, halles et marchés, ports de pêche.

Président : M. Le Bail, député.

Secrétaire : M. Le Bail (Albert), avocat.

Sous-Section

Industries frigorifiques

Action des basses températures sur le poisson. — Procédés. — Wagons frigorifiques. — Wagons isothermiques. — Chambres frigorifiques. — Installation à bord. — Appareillage. — Tarifs. — Frais de premier établissement. — Prix de revient. — Moyens propres à développer l'application des procédés frigorifiques dans les industries maritimes.

Président : M. Douane, ingénieur des Arts et Manufactures.

Secrétaire : M. Monvoisin, chef des travaux à l'Ecole d'Alfort.

Ve Section

Economie sociale et législation

Ecoles de pêche. — Institutions de prévoyance. — Assurances. — Caisse de secours. — Crédit maritime. — Mutualité. — Sociétés coopératives de pêche. — Hygiène. — Sauvetage.

Président : M. Girault, directeur au Sous-Secrétariat u'Etat de la Marine marchande.

Secrétaire : M. Bagot, administrateur de l'Inscription maritime.

VIe Section

La pêche dans les colonies

Produits de la pêche dans les colonies. — Poissons, mollusques et crustacés, corail, ivoire, nacre, perles, éponges. — Technique de la pêche. — Bateaux de pêche et leur armement. — Chasse à la baleine et autres cétacés. — Mesures propres à assurer le développement de la pêche dans les colonies.

Président : M. GRUVEL, professeur au Muséum d'histoire naturelle de Paris.

Secrétaire : M. PETIT, attaché au Muséum.

VIIe Section

Ostréiculture

Technique industrielle. — Réglementation. — Transport. — Commerce.

Président : M. MOULIETS, président de l'Association ostréicole du bassin d'Arcachon.

Secrétaire : M. DONIÈS, publiciste.

PROGRAMME DU CONGRÈS

Samedi 12 et dimanche 13 septembre. — Inscription des Congressistes au Secrétariat du Congrès, à la Faculté des Sciences, remise des documents et d'invitations (*MM. les Congressistes sont très instamment priés de ne pas omettre cette formalité indispensable*).

Lundi 14 septembre. — *10 heures :* Séance solennelle d'ouverture du Congrès à la Faculté des Sciences, sous la présidence effective de M. Daniélou, Sous-Secrétaire d'Etat de la Marine marchande.

Après-midi : Séance des sections.

A 20 heures : Vin d'honneur offert par le Comité local.

Mardi 15 septembre. — *Matin :* Séance des sections.

Après-midi : Visites industrielles.

Mercredi 16 septembre. — Départ en auto-car pour Arcachon. (Prix, 10 francs aller et retour), ou par le chemin de fer.

A 10 heures : Séance des sections. (Section ostréicole au Casino de la Plage). — Réunion de la Section des Pêches du Comité central des Armateurs.

12 heures : Déjeuner.

14 heures : Visite de la Station zoologique et de l'Aquarium de la Société scientifique d'Arcachon. — Visite des pêcheries. — Visite de la ville, le Mouleau et le Pyla-sur-Mer.

18 heures : Réception par la municipalité au Casino Mauresque.

Soirée : Gala au Casino en l'honneur des Congressistes.

Jeudi 17 septembre. — *Matin, Arcachon :* Séance des sections : Section ostréicole, à 10 heures, embarquement sur grandes pinasses automobile pour la visite de parcs à huîtres, ambulances, etc. — Débarquement à Bélisaire. Dégustation d'huîtres. — Excursion au Cap Ferret et sur les passes. — Retour à Arcachon.

Déjeuner à *12 h. 30.*

Après-midi : Séance des sections.

A 15 heures : Départ pour Certes. — Visite des réservoirs à poissons. — Collation offerte par M. Camille Descas. — Départ pour Bordeaux dans la soirée.

Vendredi 18 septembre, Bordeaux. — Matin : Séance des sections.

A 14 heures : Séance générale de ratification des vœux, fixation du lieu de réunion du Xe Congrès, Sections des Pêches et Industries maritimes, à la Faculté des Sciences.

A 15 h. 20 : Séance solennelle de clôture, sous la présidence de M. Chaumet, Ministre du Commerce.

Soir, à 20 heures : Banquet de clôture, sous la présidence de M. Chaumet, Ministre du Commerce.

Samedi 19 septembre. — Groupe A. — Excursion en auto-car à Saint-Emilion. Visite de la ville et des environs. — Déjeuner, dégustation des crus du Saint-Emilionnais. — Retour à Bordeaux par les bords de la Dordogne. — Arrivée à 17 heures précises de manière à permettre le départ pour Biarritz.

Groupe B. — Excursion en Gironde, à bord d'un remorqueur. — Arrivée à Bordeaux à 17 heures précises.

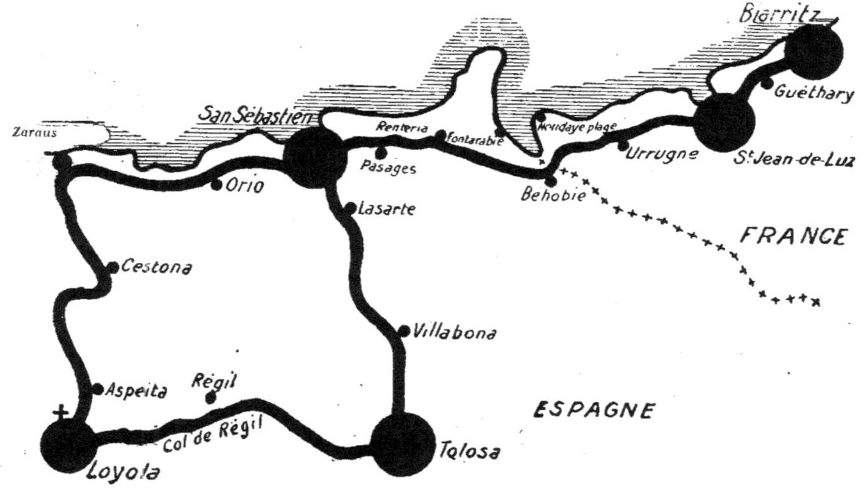

Excursion sur les côtes du Sud-Ouest de la France
et en Espagne

EXCURSIONS ET VOYAGE D'ÉTUDES

SAMEDI 19 SEPTEMBRE. — *18 heures :* Départ à la gare Saint-Jean. — Dîner en wagon-restaurant, arrivée à Biarritz.

DIMANCHE 20 SEPTEMBRE. — *Matinée :* Jusqu'à 10 heures, visite individuelle de la ville.

10 heures : Pose de la première pierre du Musée Océanographique. — Déjeuner.

Après-midi. — Départ à 14 heures : Excursion en auto-car sur les bords de l'Adour, Pêcheries de saumon. — Visite de la ville de Bayonne ; retour à Biarritz.

18 heures : Réception par la municipalité.

20 heures : Gala aux Casinos (entrée gratuite pour les membres du Congrès).

LUNDI 21 SEPTEMBRE. — *Matin :* Départ en auto-car pour Saint-Jean-de-Luz. — Visite des ports de pêche de Socoa et de Ciboure. — Déjeuner.

Après-midi : Ascension de la Rhune en funiculaire. Réception par la municipalité. — Départ en auto-car pour Saint-Sébastien. — Arrivée à 21 heures. Dîner. — **Passeports obligatoires.**

MARDI 22 SEPTEMBRE. — *Matin :* Saint-Sébastien. — Visite de la ville, du musée Océanographique, du port de pêche. — Ouverture du Congrès basque des Pêches maritimes, sous la haute présidence de S. M. le Roi d'Espagne. — Expériences de pêche à la sardine sur rade. — Excursion en bateau à Passages. — Réception des Congressistes par la municipalité. — Casino, fêtes en l'honneur des Congressistes (entrée gratuite).

MERCREDI 23 SEPTEMBRE. — Visite du pays Basque. — Excursion de 200 kilomètres en auto-car à Gueteria Zaraus, Saint-Ignace-de-Loyola, Col de Régil, Tolosa, Villabona. — Réception des Congressistes par la députation de Guipuzcoa. — Coucher à Saint-Sébastien.

JEUDI 24 SEPTEMBRE. — *Matin :* Départ en auto-car. — Visite de Fontarabie et d'Hendaye-plage. Déjeuner. — Arrivée à Biarritz. — Dislocation.

Prix approximatif, comprenant tous frais, sauf boisson : environ **650** francs.

COMMUNICATIONS
ANNONCÉES AU 15 JUILLET 1925

(Une liste complémentaire sera publiée à l'ouverture du Congrès)

Iᵉ SECTION

Etudes scientifiques

M. Henry MEMERY : *Observations et recherches sur les causes probables de la formation des tempêtes.*

M. A. GONDOLFI HORNYOLD : *Observations sur les Civelles de Hossegor.*

M. Manley BENDALL : *Les glaces flottantes dans l'Atlantique Nord.*

M. Manley BENDALL. : *Le magnétographe Nodon. Rapports du magnétisme avec l'état de l'atmosphère, application à la météorologie maritime.*

M. BOUTAN, professeur à l'Université de Bordeaux : *Le Centrophore et sa pêche.*

M. le capitaine BUREAU : *La transmission des prévisions météorologiques et des avis de tempêtes aux ports et aux navires ; L'amélioration des prévisions météorologiques grâce aux observations météorologiques de navires ; L'usage des ondes radiotélégraphiques très courtes pour la protection des pêcheurs de Terre-Neuve ; Les Parasites atmosphériques de la radiotélégraphie et les tempêtes.*

IIe SECTION

Technique des Pêches maritimes

Compagnie Radio-Maritime : *Emploi de la T. S. F. à bord des navires de pêche.*

M. Giret, administrateur principal de l'Inscription maritime à Bayonne : *Le filet dit « bolinche ». Son emploi. Les résultats obtenus.*

M. Canioni : *Filets traînants de la 1re catégorie dits Bœufs.*

M. Maurice Hourcade, armateur, administrateur de la Société « La Morue Française » : *Evolution de la pêche à la morue au cours de ces dernières années, transformation du matériel et des méthodes de pêche.*

M. Sarraz-Bournet, armateur à Boulogne : *L'évolution de la pêche aux harengs de smalls au cours des dernières années. Transformation du matériel et des méthodes de pêche.*

M. Jamet, président du Syndicat des Armateurs à Lorient : *L'évolution de la pêche au maquereau au cours des dernières années. Transformation du matériel et des méthodes de pêche.*

MM. Bronkhorst et Marchis, administrateurs de l'Inscription maritime : *L'évolution de la pêche à la sardine au cours de ces dernières années. Transformation du matériel et des méthodes de pêche.*

M. Fillon, naturaliste à l'Office Scientifique et Technique des Pêches maritimes : *Les traitements préservateurs des filets en coton.*

M. Polidor, chef de bureau adjoint au directeur des Pêches maritimes : *Projet de refonte de la réglementation de la pêche à pied.*

M. Guyader, administrateur de l'Inscription maritime aux Sables-d'Olonne : *La pêche à la sardine et l'industrie des conserves de la sardine sur le littoral français de l'Atlantique.*

IIIe SECTION

Industries maritimes

M. MARCELLET : *Dénomination des huiles dites de poissons.*

M. A. KREMPF : *Sur les huiles de poissons au Cambodge.*

M. ANDRÉ : *Huiles d'animaux marins et huiles siccatives.*

M. PÉRARD : *L'emploi de l'huile de Thon dans les peintures.*

M. PÉRARD : *Les engrais de poissons et la loi sur les fraudes.*

M. JODET-ANGIBAUD : *L'industrie des sous-produits de la pêche.*

M. ZIÉGLER : *Tannage des peaux de poissons.*

M. Louis ABEL, ingénieur agricole : *Utilisation et traitement industriel du poisson non comestible et des déchets de poisson.*

M. Maurice DESCHIENS : *Les utilisations des algues et plantes marines, leur rapport avec la chimie industrielle, l'agriculture, l'alimentation.*

M. DOMEC : *La fabrication des flotteurs pour chaluts.*

M. MICHIELS : *Procédés modernes pour le renflouement des épaves.*

Sous-Section des moteurs

M. Étienne BERTRAND : *Appareil de sûreté automatique pour éviter les explosions de chaudières marines.*

M. Richard PERISSE : *Statistique des applications des moteurs à bord des embarcations de pêche.*

M. Pierre BOCHET : *Etude sur les hélices.*

M. Pierre Bochet : *Sur les causes du développement de l'emploi des moteurs à essence.*

M. Marcel Bochet : *Sur la propulsion par transmission électrique.*

M. Georges Lumet : *Emploi des huiles végétales dans les moteurs à combustion.*

M. Auclair, président du Comité de mécanique à l'Office des Inventions : *Emploi du gaz pauvre dans les moteurs à essence. — Rapport sur le logement à bord des embarcations des combustibles liquides.*

M. Baheux : *Conditions d'application des guindeaux et des treuils à bord des embarcations de pêche.*

M. A. Petersen : *Sur les applications des moteurs Burmeister et Wain.*

Compagnie Bolinders : *Sur les applications des moteurs Bolinders.*

MM. Delaunay-Belleville : *Sur les applications des moteurs Delaunay-Belleville.*

MM. Robatel et Buffaud : *Sur les applications des moteurs Standaard (système Steijwal).*

M. Heru : *Sur le dynagaz Hernu.*

Société des Moteurs Tosello : *Sur un moteur vertical à deux temps pour huiles lourdes.*

Société Avance : *Sur les applications des moteurs Avance.*

Société de Construction mécanique (Procédé Sulzer) : *Sur les applications des moteurs Sulzer à navigation fluviale.*

M. Duclos : *Sur les treuils de chaluts.*

M. Marcel Bochet : *Sur les applications des moteurs Thomson.*

M. Frick : *Sur les applications de moteurs à des remorqueurs et à des embarcations de pêche.*

M. Castelnau : *Moteurs pour petits bateaux de pêche et navigation fluviale.*

IVᵉ SECTION

Utilisation des produits de la pêche

M. Poher : *Etude sur les friteries.*

M. Eugène Altazin : *Le fumage et la salaison des poissons.*

M. Pierre Lemy : *Moyens d'approvisionnement des usines.*

M. Pierre Lemy : *Moyens de conservation temporaire des poissons.*

M. Henri Gadel : *Transport et répartition des produits de la pêche des côtes de l'Océan et de la Manche.*

M. Verhoeven : *Essais de conservation du thon.*

M. de Laurens-Castellet : *La production française du poisson et ses échanges avec l'étranger.* (Importation. Exportation. Dr .it de douane.)

Sous-Section des Industries frigorifiques

M. Malaquin : *La gare frigorifique dans les ports de pêche.*

M. Bernat : *Application du froid industriel à la pêche maritime.*

M. Sigmann : *Transport de la marée en wagons frigorifiques.*

M. Classen : *Industrialisation de la pêche par le froid.*

Vᵉ SECTION

Economie sociale et Législation

M. Foucaut, président de la Coopérative des Marins Pêcheurs de La Rochelle : *Nécessité d'une Fédération des Coopératives maritimes.*

M. Autraygues, administrateur de l'Inscription maritime à Bordeaux : *Réglementation de la vente du poisson dans les communes ; pouvoirs des municipalités.*

M. Doat, directeur de l'Ecole de Navigation de Boulogne-sur-Mer : *Emploi des instruments de navigation à bord des navires de pêche.*

M. Stephan, administrateur de l'Inscription maritime à Alger : *La mutualité en Algérie.*

M. Debrosse : *Sur le sauvetage collectif et individuel à bord des bateaux de pêche.*

MM. Ravalec et Mercier : *Sur le programme des Examens de patron de pêche.*

VIᵉ SECTION

Pêches dans les Colonies

M. Barris : *Nouvelle organisation du port de pêche de Port-Etienne.*

M. Hytten : *La pêche des cétacés dans les colonies françaises.*

M. André : *Les huiles de cétacés et les colonies françaises.*

M. Armand : *Les Pêcheries de Djibouti.*

M. Charles (Société pour la faune océanique) : *La faune des squales de la côte française des Somalis.*

M. Courial : *Ressources offertes à la consommation locale et aux industries d'exportation par la faune marine de la colonie de la Martinique.*

M. J. Petit : *Quelques points sur les pêcheries de Madagascar.*

M. R. Dollfus : *Production comparée de la madrague de Fedhala en 1923-24-25.*

M. Th. Monod : *Sur quelques crustacés comestibles des côtes de Mauritanie et leur pêche.*

M. P. Chabanaud : *Sur quelques points de la faune ichtyologique de l'Indo-Chine.*

M. Conseil : *L'organisation de la pêche à La Martinique.*

M. A. Gruvel : *Présentation de la carte de pêche d'une partie de la côte occidentale du Maroc.*

M. Marchand : *La pêche à Tanger, résultat de la campagne 1925.*

M. Marchand : *Résultat de la campagne de pêche de 1925 à Fedhala.*

M. Jodet-Angibaud : *Une école de pêche au Cameroun.*

M. Monconduit : *Organisation de la pêche en Tunisie.*

M. Duchateau : *Importance des vessies natatoires dans les pêches coloniales.*

M. Germain : *Applications nouvelles de l'essence d'Orient. — Production dans les Colonies.*

Marquis de Barthelemy : *Cam-Ranh, port de pêche et de transports rapides.*

M. Pohl : *Doit-on conseiller la culture de la perle fine dans les Colonies françaises.*

M. Manley-Bendall : *L'île de Sal. Les salines ; leur importance pour les pêcheries africaines.*

M. Marcellet : *Les huiles d'animaux marins de nos Colonies.*

M. Castelnau : *Moteurs pour les pêcheries coloniales.*

M. Sauvaire de Barthélemy : *Les produits de pêche en Indo-Chine.*

VIIᵉ SECTION

Ostréiculture

M. Hinard : *Le rôle de l'Office des pêches sur l'application du décret de 1923 sur la salubrité des huîtres et autres coquillages.*

Dᵣ Llaguet : *L'ostréiculture dans le bassin d'Arcachon (1922-1925).*

Dᵣ Llaguet : *Etude bactériologique de l'huître.*

M. Thiéblemont-Colson : *Au sujet du décret interdisant l'exportation des huîtres plates de moins de 7 centimètres.*
M. F. Borde, chef de la station de contrôle sanitaire d'Arcachon : *L'application du décret sanitaire du 31 juillet 1923 dans le bassin d'Arcachon.*

M. Jodet-Angibaud : *Elevage de l'huître portugaise à l'île de Ré.*

M. Louis Lambert : *L'application du décret du 31 juillet 1923 sur les côtes de la Manche et de Bretagne.*

LISTE DES HOTELS DE BORDEAUX

	LOGEMENT				NOURRITURE				OBSERVATIONS
	Chambre à 1 lit pour 1 personne	Chambre à 1 lit pour 2 personnes	Chambre à 2 lits	Chambre avec Salle de bains	Petit déjeuner	Déjeuner	Dîner	Avec ou sans vin	
Gare Saint-Jean.									
Terminus, Gare St-Jean-Midi	Depuis 12 fr.	Depuis 20 fr.	Depuis 25 fr.	Depuis 35 fr.	4	15	16	s. v	Confort moderne.
Environs de la Gare St-Jean.									
Carnot. 8 rue St-Vincent-de Paul	8 à 20	10 à 20	18 à 21	s. b.	2	A la carte.			Confort moderne.
Dijon, 22, ru de la Gare	8 à 10	10 à 14	15 à 22	—	2	Pas de restaurant.			—
Faisan. 28. rue de la Gare	d-p. 8	dep. 10	dep. 20	dep. 30	2.50	A la carte.			—
Franc-Comtois 21, rue de la Gare	de 10 à 20		16 à 25	s. b	2.50	8	8	s. v.	—
Jeanne d'Arc 41, r. St-Vincent-de-Paul.	dep. 12	dep. 14	dep. 18	»	2 50	A la carte.			
Luxembourg, 35, rue de la Gare	— 10	— 12	— 16	s. b.	2.50				Confort moderne.
Madrid, 64, rue du Saujon	10 à 12	14 à 20	— 20	dep. 30	3	9	9	v. c	—
Poissy, 210, cours de la Marne	dep. 7	d p. 8	— 12	»	1.50	6	6	—	
Printemps, 30, rue de la Gare	— 9	— 11	— 15	s. b.	2	7.50	7.50	—	Chauffage central.
Prunier, 20, rue St-Vincent-de-Paul	6 à 8	— 10	12 à 15	—	1.75	6	6	—	
Régina. 34, rue de la Gare	dep. 10	— 14	dep. 20	dep. 20	3.50	12	12	s. v.	Confort moderne.
						et à la carte.			
Environs Gare Bordeaux-Bastide. *:-: Orléans et Bordeaux-État :-:*									
Alsace et Midi réunis, 3, q de Queyries.	4 à 9	6 à 10	12 à 14	»	2	6.50	6.50	v. c	(18 fr. tout compris)
Voyageurs, 3 *bis*, avenue Thiers	8 à 12	10 à 12	12	»	2.50	Pas de restaurant.			Confort moderne.
Centre de la Ville.									
Américains, 4, rue de Condé	dep. 10	dep. 12	d-p. 15	s. b.	2.25	3.50	3.50	v. c.	10% en plus sup. p. pourboires
Aquitaine, 4, place Saint-Remi	8 à 15	12 à 15	15	»	2.50	7.50	7.50	s. v.	
Bayonne, 6, rue Martignac	10 à 20	21 à 25	21 à 30	25 à 45	3.50	A la carte.			Confort moderne.
Bordeaux, 1 à 5, place de la Comédie	dep. 14	dep. 20	dep. 32	dep. 40	4	16	17	v. c.	—
Bretagne 5, rue Rolland	— 10	— 11	— 16	s. b.	3	Pas de restaurant.			—
Bristol, 4 rue Franklin	— 15	— 18	25	—	3	10	10	v. c.	—
Centre, 10, rue du Temple	9 à 16	12 à 16	20 à 22	25	3	Pas de restaurant.			Chauffage central.
Chapon Fin 3, rue Montesquiou	dep. 15	dep. 20	dep. 30	dep. 40	4	A la carte.			Confort moderne.
Château-Trompette	de 10 à 25		22 à 28	s. b.	3	—			—
Condeine, 2, rue Condillac	— 6 à 15		15	»	2 50	Pas de restaurant.			—

HOTELS (suite)	LOGEMENT				NOURRITURE				OBSERVATIONS
	Chambre à 1 lit pour 1 personne	Chambre à 1 lit pour 2 personnes	Chambre à 2 lits	Chambre avec Salle de bains	Petit déjeuner	Déjeuner	Dîner	Avec ou sans vin	
Centre de la Ville.									
Continental, 10, rue Montesquieu......	dep. 12	dep. 20	25 à 60	35 à 60	3	10	10	s. v.	Confort moderne.
Faur, 59, cours Georges-Clemenceau ...	de 10 à 20		20	s. b.	2.50	9	9	v. c.	—
Française, 12, rue du Temple..........	dep. 10	dep. 12	dep. 20	dep. 35	3	Pas de restaurant.			—
Franklin, 10, rue Franklin...........	— 10	— 12	18	s. b.	3		—		—
Girondins, 4, rue Combes...........	— 7	— 8	dep. 10	»	2 50		—		
Grands-Hommes, 4, p. des Gds-Hommes	6 à 15	8 à 15	18 à 20	s. b.	2.50		—		
Lambert, 8, rue Gobineau............	4 à 18	5 à 18	18 à 20	—	3		—		Confort mod. p. quelq. chamb.
Métropole, 2, rue de Condé......	dep. 10	dep. 15	dep. 20	dep. 25	3	10	10	s. v.	
Moderne, 7, rue Buffon....	de 12 à 18		16 à 25	le bain 4 fr.	2.50	8	8	v. c.	Confort moderne.
Montré, 4, rue Montesquieu........ ..	11 à 36	16 à 40	30 à 50	23 à 50	3.50	À la carte, sur demande.			—
Nice, 4, place du Chapelet...........	dep. 12	15 à 20	20 à 25	25 à 35	3.50	Rest. de Bayonne.			—
Nord, 10, rue Maison-Daurade........	8 à 15	10 à 15	18	s. b.	2.50	7	7	v. c.	—
Normandie, 1, rue Gobineau	dep. 10	dep. 15	dep. 20	dep. 30	3	Pas de restaurant.			—
Périgord et Orléans, 9, rue Mautrec....	8 à 10	12 à 16	20	»	2.50		—		

Poste, 64, rue Porte-Dijeaux..........	7 à 9	10 à 14	16 à 20	»	2	4.50	5.50	v. c.	
Provence, 2, rue Castéja.............	de 7 à 12		15	»	1.50	6	6	v. c.	Petits repas à 4 fr.
Pyrénées, 12, rue Saint-Rémi.........	8 à 12	10 à 14	16 à 22	s. b.	2.50	8	8	v. c	Tout compris : 23 fr.
Quatre Sœurs, 6, cours du XXX-Juillet.	dep. 14	dep. 20	dep. 25	dep. 25	3 50	Pas de restaurant.			
Remary, 3, rue du Temple............	10 à 12	10 à 15	16 à 20	»	2.50		—		Confort moderne.
Sept Frères, 36, rue Porte-Dijeaux.....	dep. 8	dep. 10	»	s. b.	2		—		
Seze, 23, allées de Tourny, 7, r. de Sèze.	15 à 20	— 30	»	dep. 40	2 à 4		—		Confort mod. Tél. d. les chamb.
Tourny, 6, rue du Château-Trompette..	dep. 8	— 13	dep. 18	s. b.	3		—		Confort mod. d. quelq. chamb.
Trianon, 5, rue du Temple	12 à 15	15 à 20	20 à 30	—	3		—		Confort moderne.
Quartiers divers.									
Albret, 87, cours d'Albret............	de 6 à 10		»	»	»	5	5	v. c.	
Clavel, 42, cours de la Marne.........	— 10 à 15		15 à 18	s. b.	2	6	6	s. v.	Confort moderne.
Gerbe d'Or, 3, place Bourgogne........	— 8 à 12		20	—	2 50	8.50	8.50	v. c.	
Victoria, 125, quai des Chartrons......			»	»	»	»	»	»	
Madeleine, 32, cours Pasteur..........	de 8 à 12		11 à 16	»	2	6	6	v. c.	
Pey-Berland, 5, place Pey-Berland.....	6 à 18	9 à 18	16 à 23	»	2.50	Pas de restaurant.			Confort moderne.
Royal, 14, rue Honoré-Tessier.........	14		20	»	3	Sur demande.			

LISTE DES HOTELS D'ARCACHON

	ADRESSES	PRIX				
		de la chambre	du petit déjeuner	du déjeuner	dîner	avec ou sans vin
Grand Hôtel.	boul. de la Plage	Pas de chambres sans pension		Pension de 50 f. p. jour		s. v.
Des Pins et Continental.	en Forêt.	à partir de 20 f.	3 »	14 »	14 »	s. v.
Grand Hôtel Moulleau.	Moulleau.	à partir de 20 f.	3 50	15 »	15 »	s. v.
Grand Hôtel de France.	boul. de la Plage	de 16 à 35 fr.	3 »	15 »	15 »	s. v.
Grand Hôtel Victoria.	boul. de la Plage	20 f. et au-dessus	3 50	16 »	16 »	s. v.
Grand Hôtel Richelieu.	boul. de la Plage	20 —	3 50	16 »	16 »	s. v.
Regina Palace Hôtel.	en Forêt.	20 —	3 »	14 »	14 »	s. v.
Bristol-Jampy.	boul. de la Plage	15 —	3 »	9 »	9 »	s. v.
De 'a Côte-d'Argent.	pl. de la Mairie.	12 —	2 »	8 50	8 50	s. v.
Bayonne-Lapacet.	cours Ste-Anne.	12 —	2 75	9 »	9 »	s. v.
D'Aquitaine.	c. Lamarque.	12 —	2 »	8 »	8 »	s. v.
Restaurant des Bains.	boul. de la Plage	12 —	2 »	8 »	8 »	s. v.
De l'Et île d'Or.	boul. de la Plage	10 —	2 »	7 »	7 »	s. v.
De la Paix.	rue Lamartine.	10 —	2 »	8 »	8 »	s. v.
Tivoli.	av. Gambetta.	10 —	2 »	8 »	8 »	s. v.
Restaurant Boudé.	c. Lamarque.	10 —	1 75	7 »	7 »	s. v.
Central.	av. du Château.	10 —	1 75	7 »	7 »	s. v.
Printemps.	av. du Château.	10 —	1 75	7 »	7 »	s. v.
Restaurant Vigne.	c. Tartas.	10 —	1 50	7 »	7 »	s. v.
Restaurant Bordeaux.	pl. de la Gare.	10 —	2 »	8 »	9 »	s. v
Restaurant Fouquerny.	Pr. Casino.	7 —	1 75	6 »	6 »	s. v.
Des Touristes.	c. Tartas.	7 —	1 75	6 »	6 »	s. v.

IXᵉ CONGRÈS NATIONAL DES PÊCHES
ET INDUSTRIES MARITIMES
BORDEAUX 1925

BULLETIN D'ADHÉSION

Nom et prénoms : ....

Qualité : ....

Adresse : ....

déclare adhérer au IXᵉ CONGRÈS DES PÊCHES ET INDUSTRIES MARITIMES.

Je désire être inscrit dans les .... *sections.*

Je serais accompagné de .... *membres de ma famille pour lesquels je demande des cartes de membres associés.*

Je désire présenter un mémoire sur le sujet suivant : ....

SIGNATURE :

Remplir le présent bulletin et le faire parvenir avec le montant de la cotisation à M. J. PÉRARD, Secrétaire général du Comité d'organisation du Congrès, Hôtel des Sociétés Savantes, 28, rue Serpente, à Paris.

Cotisations
{ Membre donateur, cotisation minima. . . . . **100** francs.
{ Membre du Congrès. . . . . **50** —
{ Membre associé (fam¹ ᵉ du congressiste) . . . . . . **25** —

A détacher suivant le pointillé.

Questionnaire à remplir et à retourner

à *M. J. PÉRARD, Secrétaire général du Congrès*

42, rue Saint-Jacques, Paris (V°)

avant le 5 Septembre, terme de rigueur

(*Passé ce délai, l'envoi des bons de réduction à demi-tarif n'est plus garanti*).

———

Nom..

Adresse..

N° de la carte de congressiste...

N°⁸ des cartes des membres associés..

———

Je désire qu'il soit demandé .... permis à demi-tarif

en .... classe :

a) Sur le chemin de fer de l'Etat,

de.............................à...........................(et retour) ;

b) Sur le chemin de fer de Paris-Orléans,

de...à Bordeaux (et retour) ;

c) Sur le chemin de fer du Midi,

de...à Bordeaux (et retour).

(*Au cas où il est fait usage de plusieurs réseaux, indiquer la gare de transit.*)

Date :   Signature :

Questionnaire à remplir et à retourner

à *M. MANLEY-BENDALL*, 15, rue de Tivoli, Bordeaux

avant le 8 Septembre 1925

*(Rayer les parties du programme auxquelles le signataire
ne désire pas prendre part.)*

Nom..

Adresse...

N° de la carte de congressiste...

N°ˢ des cartes des membres associés...

1° Je compte participer au banquet de clôture du Congrès, le 18 Septembre.

2° Je compte participer à l'excursion de Saint-Emilion, en auto-car, le 19 Septembre.

3° Je compte participer à l'excursion en Gironde le 19 Septembre.

4° Je compte assister à la visite des parcs à huîtres du bassin d'Arcachon, le 17 Septembre, matin (nombre de places limité).

5° Je compte participer à l'excursion à Certes (bassin d'Arcachon), le 17 Septembre, après-midi (nombre de places limité).

6° Je compte participer au voyage d'études Bayonne, Biarritz, Saint-Jean-de-Luz, Saint-Sébastien.

DATE :   SIGNATURE :

9 782329 670164